**DER GESUNDE
MENSCHEN
VERSAND**

Judith Keller
Ein Tag für alle

edition
spoken
script

Geschichten
51

Judith Keller
Ein Tag für alle

edition spoken script 51
1. Auflage, 2024
© Der gesunde Menschenversand, Luzern
Alle Rechte vorbehalten
www.menschenversand.ch

ISBN: 978-3-03853-204-0

Lektorat: Valerie-Katharina Meyer

Herausgeber:innen: Matthias Burki, Ursina Greuel, Tamaris Mayer, Daniel Rothenbühler

Gestaltung: hofmann.to

Druck: Pustet, Regensburg

Herzlichen Dank für die Unterstützung an:

 Stadt Zürich Kultur

  Kanton Zürich Kulturförderung

Der gesunde Menschenversand wird vom Bundesamt für Kultur für die Jahre 2021–2024 unterstützt.

www.menschenversand.ch

9	Prolog	37	Ein Gespräch über Regen und Wald
11	Dämmerung		
12	Sieben Uhr morgens	38	Das Schild
		39	Ein gastliches Fell
13	Genügsamkeit	42	Mathilde
14	Die Idee	43	Wunsch
15	Elsa	44	Wald
16	Warten	45	Anleitung zum Frieden
17	Beweise		
18	Im November	47	Barbara
19	Die Ersatzprobe	48	Der dreissigste Februar
20	Audrée oder das Finanzwesen		
		49	Nachmittag
21	Wunsch	50	Aussicht
22	Agatha	51	Die langen Schatten
23	Herzog		
24	Der geheime Retter	52	Der Tag von niemandem
25	Claudine und der beissende Spott	54	Das Gerücht
		55	Weiterleiten
28	William	56	Kennenlernen
29	Justine	57	Der Frühling
30	Lene und Sophia	58	Die Vogelfreundin
31	Versicherung	59	Joschi und der Meister
32	Iltis		
33	Urvertrauen	61	Das Gespräch auf dem grünen Hügel
34	Fleur		
35	Denise oder die Zukunft	64	Lilo
		65	Die Liste
36	Vor dem Fenster	68	Moritz

69	Odile	101	Das Klopfen
70	Jane	102	Susanne
71	Violette	103	Clairette
72	Fanny	104	Überraschung
73	Nathalie	105	Bettina
74	Tamara	106	Leonor
75	Die bösen Beine	107	Wünsche
76	Auf dem Friedhof	108	Nachhaltigkeit
77	Annelies	109	René
78	Am zu kleinen See	110	Matz
80	Isabelle	111	Guido
81	Matteo	112	Clemens
82	Ein Anliegen	113	Pascale
83	Reihenfolge	114	Dehnung
84	Belda	115	Die geheimnisvolle Lust der orangen Katze
85	Bedingungen		
86	Ein plötzlicher Frost		
		118	Die Hunde
87	Verspätung	120	Tradition
89	Dämmerung	121	Der grössere Schlüssel
90	Überraschender Fund		
		124	Der Blick
91	Geschenk	126	Vorsicht
92	Ein sehr schöner Abend	127	Das Flimmern in den Vorhöfen
96	Gertrud	128	Gabriela
97	Die Sorge des Tunnelingenieurs	129	Fritz
		130	Plötzlich wach
98	Das Wurstbrett und die Galerie	131	Nach Mitternacht

Prolog

Ein Schwarm von Baustangen war gelandet auf der schilfigen Fläche des Tals. Ein Schwarm von Baustangen war gelandet auf der Siedlung neben dem Wald. Ein Schwarm von Baustangen war gelandet auf den Hallen der alten Fabrik. Und überall sah man sie brüten.

Dämmerung

Wer alles schon auf ist, frühmorgens, und wer sich davor fürchtet.

Sieben Uhr morgens

Odile fiel in ein tiefes Schaf.

Genügsamkeit

Das wäre nicht nötig gewesen, denkt Henri, dem früh am Morgen eine mit Tomatensauce gefüllte Plastikbox aus den Händen auf den Boden der U-Bahn gefallen ist. Obwohl es nicht nötig gewesen wäre, ist es passiert. Den Deckel hat es weggejagt und die Sauce, in der Stückchen von Broccoli und Scheiben von feinen Pilzchen schwimmen, hat sich um viele Füsse am Boden verteilt. Das wäre nicht nötig gewesen, denkt Henri ein zweites Mal. Er braucht zum Leben nur das Allernötigste.

Die Idee

Es ist nicht die Idee, dass Sie jetzt da am Bahnhof auf dem Boden hocken. Dies erfährt die Punkfrau von einer Putzkraft, die es ihr barsch mitteilt. Überrascht steht sie auf. Sie hätte schwören können, dass es *die Idee* gewesen ist.

Elsa

Elsa blätterte im Katalog. Denn sie wollte gern ein Katalogdelikt verüben.

Warten

Die Detailfachangestellte wusste nicht im Detail, weshalb sie das Geld an der Kasse im Coop Pronto gestohlen hatte. Als man sie danach fragte, habe sie laut Protokoll wie aus der Pistole geschossen geantwortet: «Aus Sozialneid.» Man glaubte ihr sofort. Im Vertrauen aber hatte sie davor einer Freundin, die auch bei Coop Pronto arbeitete und sogar ihre Vorgesetzte darstellte, erzählt, es sei die plötzlich zum Vorschein gekommene schwarze Fläche unterhalb der Hunderternoten gewesen, die sie nicht mehr losgelassen habe. *Da, wo nichts ist, kann noch etwas werden.* Dieser Satz sei ihr wie auf leisen Pfoten durch den Kopf geschlichen, während sie die Noten sachte entfernt habe. Die Vorgesetzte versuchte dies dem obersten Personalleiter wiederzugeben, denn sie wollte verhindern, dass die Detailfachangestellte ihre Stelle verlor. Und ist es ihr gelungen? Man muss jetzt warten.

Beweise

Sobald Leopold etwas bewiesen hat, ist er sich nicht mehr sicher, ob er es bewiesen hat. Er glaubt dann, er könne erst sicher sein, wenn er es bewiesen habe. Dass er das nur glaubt, hat er oft bewiesen. Aber er glaubt nicht an Beweise.

Im November

Vor der Schiebetür des Einkaufszentrums steht unbewegt ein alter und kräftiger Mann. Er hält einen langen Knüppel mit beiden Händen über seinem Kopf zum Schlag bereit. Die Schiebetür geht auf und geht zu. Menschen kommen heraus und gehen hinein. Alle machen ihr Ding.

Die Ersatzprobe

Wenn Jessica jemandem begegnet, den sie nicht leiden kann, ersetzt sie die Person, die vor ihr steht mit einer, die sie noch viel weniger leiden kann. Sie kann es allen empfehlen.

Audrée oder das Finanzwesen

Audrée wurde morgens um neun von einem Putzfahrzeug verfolgt. Sonnenstrahlen brachen durch die tief hängenden Wolken, hinter sich hörte sie es schnaufen und mit den runden Borsten wie mit Zangen nach ihren Füssen greifen. Audrée rannte und rannte, aber niemand schaltete sich ein. Sie musste es anscheinend selbst tun, wie sie alles selbst tun musste auf der Welt. Eine Schiebetür ging auf und plötzlich stand sie in einer Bank. Sie schloss die Augen. In dem Moment, als sie sich definitiv einschaltete, verschwand das Putzfahrzeug vor der Schiebetür. Das Licht in der Bank aber ging nicht aus. Nur, dass plötzlich aus jedem einzelnen Gesicht hinter und vor den Schaltern *das Finanzwesen* Audrée entgegenstarrte. Ein Grauen überkam sie. Und wieder rannte sie los.

Wunsch

Leonor möchte emotional alle abholen. Wenn sie nur wüsste, wo sie sind.

Agatha

Agatha fällt es schwer, ihr Ziel zu verfolgen. Überall findet sie Spuren.

Herzog

Wieder hat Herzog das Gefühl, ihm sei etwas entgangen. Misstrauisch späht er in die Vergangenheit.

Der geheime Retter

Er hatte im Sinn, alle zu retten, wenn es einmal so weit wäre, denn er konnte mit Waffen umgehen. Weil es aber nicht so weit war, konnte niemand in ihm den Retter erkennen, den er gewesen wäre. Das war schade, denn er hätte auch jene gerettet, die ihn schlecht behandelten und die er nicht mochte. Seine Güte rührte ihn an schwarzen Tagen und kitzelte ihn wieder hervor aus dem Untergrund an eine helle Oberfläche, wo er hin- und hergerissen war zwischen der Lust zu lachen und ernstem Schmerz.

Claudine und der beissende Spott

Es war ein Nagen und lautes Schmatzen. Wo es auf Metall stiess – auf Briefkästen – veränderten sich die Geräusche, es klang wie ein silbernes Quetschen, manchmal auch wie ein Knistern, dazwischen gab es Luft. *Der beissende Spott* hatte offenbar Lust, sie zu begleiten oder besser, zu verfolgen. Anders konnte sie es nicht deuten. Gar nicht gut, dachte Claudine, waren die Spuren, die, obwohl sie sich vom beissenden Spott lossagen wollte, doch immer zu ihr hinführten. Nie war es ihr gelungen, ohne ihn durch einen Tag zu gelangen. Immer hatte er sie wieder gefunden. Und sie ihn. Vor ihr tauchte eine Verkehrsinsel auf, in deren Mitte sich ein kleiner Hügel erhob. Darauf wuchs kräftiges Gras und Stücke aus Metall formten eine Sonnenuhr. Es war schon nach neun Uhr morgens und um halb zehn musste sie da sein. Sie war etwas spät dran, was an ihrem Verfolger lag. Er konnte nicht vorwärts machen und das Schlimme war, dass sie auf ihn wartete, obwohl sie ihn loswerden musste, wenn sie noch rechtzeitig ankommen wollte. Sie sah im Moment keinen anderen Ausweg, als ihn auf die saftige Wiese der Verkehrsinsel zu locken, und, sobald er darauf wäre, schnell wieder die Strasse zu überqueren und eine

Runde um den Kreisel zu machen. Denn dort, wo sie jetzt hin musste, nämlich zu einem Bewerbungsgespräch, ging es um ihre Zukunft. Das war etwas Ernstes. Da immer wieder Autos um die Insel fuhren, würde sich ihre Spur in Luft auflösen. Ausserdem war auch schon Napoleon einmal auf eine Insel verbannt worden. Doch war abzusehen, dass der beissende Spott, der ihr immer nachlief oder sie von vorne empfing, nicht auf der Insel bleiben würde. Darum ging sie jetzt so weit, dass sie Napoleon auf jene Insel sandte, um den beissenden Spott abzulenken. Ein Auto bremste, Hupen, jemand beschimpfte sie. Mit rotem Kopf rannte sie weiter, sie war den Tränen nahe. Sie hörte, wie es hinter ihrem Rücken auf der Verkehrsinsel nagte. Das war die Sonnenuhr. Er ist zu treu, dachte sie verzweifelt. Zu treu und gierig, denn schon hatte er sich mit Napoleon verbündet. Sie hörte ein Rauschen, es näherte sich in Wellen, doch es war kurz vor halb und sie war fast da. Rue de Napoleon 17, so stand es auf dem Zettel. Sie klingelte, die Tür ging auf und sie war in Sicherheit. Gute Luft nach Teppich und Kaffeemaschine, nach Büro. Sie stieg die Treppe hoch und da, bei der fünften Stufe hörte sie von fern – trotz geschlossenem Fenster – ein silbernes Schmatzen... Sie konnte nicht anders, sie lauschte. Das Zernagen der

Sonnenuhr. Da war es schon geschehen. Sie drehte sich um, schlich die Stufen hinunter und sah ihren Händen zu, wie sie die Eingangstür einen Spalt weit öffneten. Der beissende Spott war bei ihr, bevor sie blinzeln konnte. Es war zu spät. Durch den schmalen Türspalt zog es sie hinaus. Einmal drehten sie sich noch umeinander, und dann lief sie mit tränenden Augen vor ihm her. Als sie wieder beim Kreisel war, huschte sie über die Strasse, so schnell, dass er ihr nicht folgen konnte. Dort war die Sonnenuhr zerbissen und zerfetzt. Napoleon selbst aber war unversehrt und trug jenen Hut, der auch ihr zugutekam, denn Napeolon war dabei, den Einmarsch auf die Verkehrsinsel zu verhindern. Auf dem grünen Hügel stand er bereit. Nur der beissende Spott weilte längst wieder zwischen ihnen. Es war Zeit, ein Frühstück zu braten.

William

Im Briefkasten lag ein Brief. Es war die Absage auf eine Bewerbung, die Monate zurücklag und die William bereits vergessen hatte. Sie hatten sich für jemand anderen entschieden. Nun, da sie sich nicht für ihn entschieden hatten, entschied er sich seinerseits gegen sie. William legte Wert darauf, dass es jetzt unentschieden war zwischen ihnen und stieg die Treppe empor mit dem Gefühl, er habe es ihnen wieder einmal gezeigt.

Justine

Justine hört beim Frühstücken im Radio, sie lebe ganz auf Kosten des Staates. Sie beisst in ein mit Butter und Kirschkonfitüre bestrichenes Brot. Justine findet, der Staat komme dabei ganz auf seine Kosten.

Lene und Sophia

Lene weiss auf jede schlimme Geschichte noch eine schlimmere Geschichte, die sie wie eine höhere Spielkarte auf den Tisch knallt. Sophia, die gerade erzählt hat, das Haus ihrer Tochter habe lichterloh gebrannt und sie hätte es mitten in der Nacht verlassen müssen, hört nun, dass das Haus einer Bekannten von Lene eines von denen ist, die es sogar in die internationalen Nachrichten geschafft haben – es wurde von einer Schlammlawine ratzfatz weggeputzt und die Bekannte gleich dazu. Triumphierend blickt Lene in Sophias undurchschaubares Gesicht. Sie treffen sich regelmässig.

Versicherung

Alles, was Béatrice noch hat, sind ein paar Fehler. Sie behütet sie gut und rückt nicht mit ihnen heraus.

Iltis

Iltis sieht immer, was man stehlen könnte, tut es aber nicht. Erwartetes und nicht eingetroffenes Lob.

Urvertrauen

Zwei Polizistinnen und zwei Polizisten gehen langsam über die Strasse. Eine Polizistin dehnt ihr Handgelenk, einer gähnt und die hinteren schlenkern mit den Armen. Im Moment ist alles legal. Doch bestimmt passiert bald etwas Illegales. Da haben sie ein Urvertrauen.

Fleur

Solange sie lebte, lebte sie neben der Spur.

Denise oder die Zukunft

Denise hat im Kurs gelernt, dass die Zukunft ihre Gedanken lesen kann und sich nach dem, was sie darin liest, ausrichtet. Seither hat sie Angst, von der Zukunft erwischt zu werden und denkt jetzt nur noch positiv.

Vor dem Fenster

Draussen ist der Tiger gar nicht richtig hell geworden.

Ein Gespräch über Regen und Wald

Ruth, die mit dem Mann, der auf dem Waldparkplatz aus dem Wagen steigt und nach dem Weg fragt, ein Gespräch beginnen will, sagt, zum Glück habe es in der Zwischenzeit geregnet, im Sommer sei es sehr trocken gewesen, der Wald habe zum Fürchten ausgesehen. Der Mann meint daraufhin, nein, in seiner Gegend habe es alle zwei Wochen einmal geregnet und so habe der Wald immer genug Feuchtigkeit gehabt. Ruth wiederholt, dass es aber in dem Wald, in dem sie sich jetzt befänden, im Sommer fürchterlich trocken gewesen sei. Der Wald habe, wie gesagt, zum Fürchten ausgesehen. Das könne er nicht bestätigen, meinte der Mann. Da, wo er wohne, habe es alle zwei Wochen geregnet.

Das Schild

Das lesende Reh erfuhr durch eine Lehrtafel im Wald, dass seine Nachkommen *die Brut* heissen. Es musste es zwei Mal lesen.

Ein gastliches Fell

Der Morgen, an dem die Schafe gesehen wurden von einer Frau im Zug, die an jenem Morgen besorgt eine innere Unordnung feststellte, war wolkenverhangen. Nebelschwaden zogen durch die Hügel, das Licht war von blauen und grauen Tönen gesättigt. *Nicht in diesem Ton!*, hatte die Frau im Zug versuchsweise gedacht, doch dann fand sie Gefallen daran. Sie lauschte diesen blauen und grauen Farben und während sie dies tat, versank sie im dunklen Fell eines Schafes, das vom Zug aus sichtbar auf einer Wiese graste. Es lag in diesem Augenblick genau genommen schon wieder Kilometer hinter ihr. Aber sie hatte es noch gut in Erinnerung und wollte sich ihm empfehlen. Und siehe da, es hatte sie eingelassen in sein gastliches Fell. Nässe. Die Hufe standen im hohen Gras. Zäh, das Fell, heiss in der Feuchtigkeit. Das Gras hatte etwas Scharfes, Schnittiges und saure Mücken suchten das Schaf heim, fanden aber nicht mehr den Weg hinaus. Einfamilienhäuser lagen im Blickfeld, ein Autosalon und eine Mehrzweckhalle, das Bild eines Dorfes also, wie es ungefähr in den Träumen eines von ihr geliebten Mannes auftauchte, der in einer mittelgrossen Stadt wohnte und sich gerne mit allen anlegte. So zeigte er sein Herz.

In diesem Moment befand sich der Mann in einer Bewerbungsphase. Es kam zu Gesprächen. Seine Antworten, die darauf hindeuteten, dass er sich vieles ganz anders vorstellen konnte als die Befrager, lösten Bedenken aus. Es war nicht sicher, ob das nasse Gras, das die Beine des Schafes umspielte, dieses störte. Es hing welken Gedanken nach. Es handelte sich um ein altbekanntes Aufbegehren gegenüber der Wolle, die es nun einmal, und zwar seit es denken konnte, umgab. Es wollte diese Wolle gerne für einen Moment ablegen, wahrscheinlich nur, um sie nachher wieder anzuziehen. Es hatte sich deswegen schon einmal gegen einen Baumstamm gerieben und sich auf härteren Wiesenstellen auf- und niedergewalzt. Doch handelte es sich dabei unnützes Zeug ein, das in seiner Wolle hängenblieb. Ästchen waren darunter, Stücke von trockenem Laub, Steinchen weissgrauer Farbe und die Splitter einer Drohne. Das Schaf fühlte, dass es oft hin- und hergerissen war wie die Wolken, die am Himmel unentschlossen manchmal in die eine und dann in die andere Richtung flossen. Es fühlte sich immer so vielen Stimmungen ausgesetzt. Der Gedanke, dass sein Fell als Nistplatz diente für all diese zufälligen Gegenstände, gefiel ihm nicht. Aber in jenem Augenblick, als die Frau sich gedanklich in seinem Fell verhedderte, dachte es: *Die Gedanken einer Frau nisten in meinem gastlichen Fell*, und es gefiel ihm, das zu denken, also fügte es noch geschwind hinzu: *Ich will es dulden*. Nachdem die Frau sich im Fell gewärmt hatte, pflückte sie zum Dank die Ästchen und Steinchen und die Drohne aus dem Fell und warf alles auf den Boden, wo es auch hingehörte. Sie hatten also beide etwas davon. Das Schaf wurde angenehm gekämmt von freundlicher Hand und die Frau hatte ihrem Bedürfnis nachgehen können, eine Unordnung wieder aufzuräumen. Sie war in der Zwischenzeit in der Stadt angekommen und aus dem Zug gestiegen. Als sie den Mann von weitem kommen sah, dessen Haar sie an das gastfreundliche Schaf erinnerte, spürte sie eine grosse Freude. Als sie sich erreicht hatten, küssten sie sich und er fuhr ihr durchs Haar. Es war eine wuschelnde Bewegung, die nicht einmal der Wind nachmachen konnte. Mit den Haaren brachte er ihre Gedanken in neue Unordnung. Sie vergass im Moment, was mit dem Schaf war, denn sie lief fröhlich neben ihm einen Park entlang, in dem dicke Krähen dem Boden den Meister zeigten. Sie waren überlebensgross.

Mathilde

Alles, was sie tut, sieht ihr ähnlich.

Wunsch

Leonor möchte emotional nicht immer alle abholen. Warum kommen sie nicht selbst?

Wald

Es kam ihr im Wald ein Löwe entgegen. Aber da sie nicht im Zoo war, beachtete sie ihn nicht.

Anleitung zum Frieden

Sebastian Losurdo, der allein entschied, wer die Stelle bekam, schaute dem Mann, der zum Vorspielen kam, unbewegt beim Geigenspiel zu. Als das Vorspiel beendet war, schlüpfte kein Wort dazu über seine Lippen, sondern er lud den Mann zu einem Mittagessen in einem nahen Restaurant ein. Dem Vorspieler wäre es lieb gewesen, er hätte spätestens jetzt Begeisterung oder Ablehnung im Gesicht desjenigen gelesen, der über seine Zukunft entschied. Doch Sebastian Losurdo schaute ihm nur beiläufig in die Augen und lenkte das Gespräch auf ganz andere Themen als das Geigenspiel – Gerichtsfälle und Botanik –, sodass es dem Vorspieler immer ungemütlicher wurde. Als es genug war, sagte Sebastian Losurdo mit samtener Stimme: «Sie haben die Stelle.» Das geschah in den Siebzigern des letzten Jahrhunderts. Der Mann, der damals vorgespielt hat, heisst mit Vornamen Hermann und hat diese Geschichte in das Repertoire an Erinnerungen aufgenommen, die ein Schlaglicht auf sein bewegtes Leben werfen. In der Altersresidenz erzählt er sie jetzt einem kleinen Publikum, das aus Hannelore, ihrer Schwester und Domenico besteht, manchmal auch aus Max – früher war auch Erich regelmässig dabei. Es liegt auf der Hand, sagt Hannelore, dass Sebastian Losurdo ein Mann war, der unbedingt in Erinnerung bleiben wollte und dem das auch gelungen ist, ohne einen Krieg anzuzetteln.

Barbara

Barbara hört bei einem Bewerbungsgespräch, sie müsse ihre Einstellung ändern. Da merkt sie erst, dass sie bisher gar nicht eingestellt war. Sie arbeitet jetzt an ihrer Einstellung.

Der dreissigste Februar

Beim Formular schrieb Antonia in das Feld Geburtstag: *der dreissigste Februar.* «Haben Sie das mit Absicht getan?», fragte die Ärztin misstrauisch. «Ja», antwortete Antonia mit gutem Gewissen. Ein anderes Geburtsdatum konnte sie sich beim besten Willen nicht vorstellen.

Nachmittag

Odile fiel in ein tiefes Schaf. Alles, was sie danach tat, sah ihr ähnlich.

Aussicht

Ihre Zukunft sieht sie in jenem Land, in das es sie damals, als sie geboren wurde, verschlagen hat, nicht. Darum möchte sie sich auf dem weiten Planeten bewegen, irgendwohin gehen, vielleicht auf einen Berg, wo die Zukunft sie sehen könnte. Sie will, dass die Zukunft eine Aussicht hat.

Die langen Schatten

Eine Frau, deren Haare sich in einer eigentümlichen Frisur befanden, sass auf dem Platz vor der Oper auf einem grünen Stuhl aus Metall. Das Licht kam von einem Scheinwerfer im Süden. Die Möwen hatten einen leuchtenden Rand und die Menschen sahen aus, als wären sie aus ihren eigenen Schatten hinausgeklappt. Es war, als könnte man sie nur antippen und sie würden sofort in ihre langen Schatten, die eigentlich eine Art Behälter waren, hineinklappen. Die Vögel, Gebäude und Kräne der Stadt würden es geniessen, das war längst abzusehen. Sie waren dabei, die Menschen zu vergessen, doch wurden sie immer wieder an sie erinnert, was sie verwunderte und störte. Man schliefe in seiner eigenen Hohlform. Man klappte auf und wieder zu. Nur um schnell etwas zu sagen, nur um schnell etwas zu schnappen. Schon den ganzen Nachmittag spielte sie mit dem Gedanken, es zu tun.

Der Tag von niemandem

Eine Frau mit neuen schwarzen Augenbrauen suchte den Bahnhof. Auf der anderen Strassenseite ging eine Frau namens Lisa, die wie eine Wegweiserin aussah. Die Frau, die den Bahnhof suchte, winkte sie herbei und raunte: «Heute ist nicht mein Tag.» Eine schlechte Kosmetikerin habe sie in diese Gegend gelockt, und nun seien ihre Augenbrauen viel zu gross und zu schwarz geraten, noch dazu habe sie heute Abend ein Date. Ob sie dem Date eine vorwarnende Nachricht schicken solle? «Besser nicht», antwortete Lisa, der die Augenbrauen gefielen. Sie sagte, sie sähen charismatisch aus. Doch die Frau mit den Augenbrauen glaubte ihr nicht. Als sie beim Bahnhof angekommen waren, sahen sie einen einfahrenden Zug. Gerade, als die Frau mit den Augenbrauen auf dem Handy herausgefunden hatte, dass es der richtige war, fuhr er weg. «Wann hast du dein Date?», fragte Lisa. «Um sieben.» «Und du willst vorher noch nach Hause?» «Ja natürlich, aber ich schreibe ihm jetzt gleich, ob wir uns erst um halb acht Uhr treffen können.» «Sag lieber acht», meinte Lisa, und sie verabschiedeten sich freundschaftlich, als würden sie sich gleich morgen wieder sehen. Auch Lisa hatte den ganzen Tag über das Gefühl gehabt, der heutige Tag sei nicht ihr Tag. Da er nun aber auch nicht der Tag jener Frau mit den Augenbrauen war, fragte sie sich, wessen Tag es dann war. Sie setzte sich auf eine Bank. Lange schaute sie um sich. Es schien der Tag von niemandem zu sein. Das machte sie neugierig.

Das Gerücht

In einem Hinterhof in Kos sind um die Stämme der Bäume dicke Ketten aus geflochtenem Eisen gelegt worden. Denn das Gerücht geht um, man hätte sie bei Mondschein über den Hof gehen sehen, dann durch das wilde Gelände des archäologischen Museums, dann dem dunklen Meer entlang mit den fein gekräuselten Wellen bis zur Absperrung des Fussweges vor dem Militärgebiet. Dort seien sie umgekehrt.

Weiterleiten

Die Frau mit der Sonnenbrille und den Flipflops liess das Gerät sinken und blickte durch das Fenster aus dem Schnellzug, der Richtung Süden donnerte. «Was machen Sie hier?», fragte ihr Sitznachbar, der sie schon die ganze Zeit über gemustert hatte. «Sie scheint mir heute etwas spät dran», murmelte die Frau und blickte weiterhin durch das Fenster. «Immer noch stehen überall nicht abgerufene Tannen herum. Die Wiesen sind zu grün. Wo ist das südlichere Gestrüpp? Die kargen Felswände, die weiteren Felder ... – Das müsste doch alles schon da sein. Meine Aufgabe besteht darin, zu überprüfen, ob sich die Landschaft auch wirklich verändert.» «Und was machen Sie jetzt?», fragte der Sitznachbar. «Ich werde es weiterleiten», antwortete die Frau.

Kennenlernen

«Was machst du da?», fragte er sie, die in der späten Mittagssonne im Hafenbecken schwamm. «Ich arbeite als Fisch», antwortete sie. So lernten sie sich kennen.

Der Frühling

Das Licht auf den Bäumen, die nickenden oder betenden Blättlein, die Sonnenblitze im hellen Grün, das Aufbegehren der Äste, die bauschigen Blüten, die beschwichtigenden Gräser, das Toben der Vögel, die … – *Es genügt*, schreibt plötzlich der Frühling. *Ich bin es müde, beschrieben zu werden.* Beruhigt wendet sich die, die ihn gerade beschreiben wollte, wieder dem Bildschirm zu, wo sie ein Video anschaut, in dem ein Auto in einen Pfosten fährt.

Die Vogelfreundin

Séverine, die Vogelfreundin, hört im Zug seltsame Laute. Es sind fiepende Geräusche wie von grassierendem Geflügel, eines Huhnes zum Beispiel, oder mehrerer Papageien oder Pelikanen, die durch die Hohlräume hinter der Decke des Zugabteiles und in der Wand neben den Vierersitzen flattern, sich aufplustern und brüten. Die Vogelfreundin lauscht. Es klingt nicht, als wären sie in Not. Sie schliesst die Augen. Hinter der Seiten- und Stirnwandverkleidung fliegen sie durch Wälder und Palmenhaine, die sich auftun in der Nacht. Alle gefährdeten Arten sind in Sicherheit. Über Seen fliegen sie und über saftige Wiesen, durch Mückenschwärme und das Mondlicht über den Flüssen. Als der Kondukteur kommt, kramt sie laut in ihrer Tasche und pfeift.

Joschi und der Meister

Ein Graureiher, der aussah, als trage er einen silbernen Umhang oder eine Art Uniform, stand in Gedanken versunken am Ufer. Joschi wollte ihn am Nachmittag eines durchlässigen Herbsttages etwas fragen. Er hatte eine Schlagzeile gelesen, in der stand, dass der Graureiher noch bis Sierra Leone fliegen müsse und das in wenigen Wochen. Wie wollen Sie, da Sie doch ein Kurzstreckenflieger sind, das jetzt noch schaffen?, hatte er Lust, den Graureiher zu fragen, denn es machte ihn nervös, wenn jemand noch viel erledigen musste und keine Anstalten machte, sich zu bewegen. In diesem Moment verschob sich eine Wolke, die Sonne brach heraus, und aus dem leicht geöffneten Umhang des Graureihers schossen silbrige Strahlen direkt in Joschis Augen. Er musste sie schliessen und seine Frage erlosch. Es wurde klar, dass der Graureiher ein Meister war, zu dem die Dinge kamen, ohne dass er sich bewegen musste. In diesem Moment verstand Joschi, dass der Graureiher niemals nach Sierra Leone fliegen, sondern Sierra Leone mit grossen Schwüngen zu ihm fliegen würde, hierher, zu der flachen Landschaft am Fluss unter der Brücke. Es war nur eine Frage der Zeit. Mit einer Verbeugung verabschiedete er sich aus sicherer Distanz. Er war noch nie in Sierra Leone gewesen und er fürchtete sich vor allem, was er nicht kannte.

Das Gespräch auf dem grünen Hügel

Der Apple-Shop-Mitarbeiter überreichte Paula den Zettel mit der Nummer und sagte: «Die einzigen, die Ihnen helfen können, sitzen in Clork.» Ein geheimnisvoller Respekt schwang in seiner Stimme mit, als hätte er sich gewünscht, auch einer von jenen in Clork zu sein, wäre dafür aber nie auserwählt worden. Dies schien er zu bedauern, aber auch zu verstehen. Paula nahm den Zettel und setzte sich in einem fremden Wohnblock ins Treppenhaus und rief die Nummer an, die *Apple Helping Number* hiess. Eine automatische, weibliche Stimme zählte die verschiedenen Bereiche auf, zu denen sie ihre Frage zuteilen konnte, aber obwohl sie jedes Mal die richtige Ziffer gedrückt hatte, wurde die Verbindung abgebrochen. Irgendwann, nach zehn Versuchen, nahm eine männlich klingende Stimme ab: «Ich persönlich kann Ihr Problem nicht lösen, aber ich werde Sie umgehend weiterleiten an die einzige Frau, die Ihnen helfen kann. Ich mache jetzt Musik an. Bleiben Sie dran.» Nach etwa zwei Minuten nahm eine fern klingende, weibliche Stimme ab. Sie sprach fast flüsternd. Luft bewegte sich hinter ihr. Es schien, als striche etwas durch eine Gruppe von Farnen. «Ich werde versuchen, das Problem jetzt zu beheben», flüsterte sie und seufzte leise. Ein weiches Schnaufen wie aus Nüstern war zu hören und wieder, weiter hinten, helle Luftzüge, Tupfer von luftigen Hufschlägen, die zu schweben schienen wie riesige Mohnblüten. Eine Art roter Fächer, der sich auf und ab bewegte, um die sitzende – sie sass doch? – Frau mit Luft zu versorgen. Oder aber die Frau stand und fächelte ihrerseits mit einem roten Fächer den Pflanzen Luft zu. Es war schwer, es herauszuhören. Paula lauschte den undichten Worten, die ungefähr klangen wie «so nicht» oder «bitte» oder «dann wollen wir mal sehen», doch schienen diese Worte auch etwas ganz anderes meinen zu können in einer ihr unbekannten Sprache, die aus gefächerter Luft bestand und sattem Grün, aus unentschlossenem Regen, aus Klagen und Befehl und einem aufgewühlten Himmel, aus Schritten, die durch Farne raschelten, und dann wieder aus einem Klappern, das von den Schuppen einer Echse stammte. In Irland, in Clork, auf einem grünen Hügel sass die Frau auf einem Sessel aus Farn, fächelte flüsternd dem Farn Luft zu. Nichts war jetzt mehr zu hören. Nur die Geräusche von Wind drangen an Paulas Ohr. Ein Briefträger kam ins Treppenhaus und legte Briefe in die Briefkästen. Dann verschwand er und Paula war wieder allein. Ihr Ohr war heiss, die Treppenstufe kalt und plötzlich, nachdem wieder viele Minuten vergangen waren, sprach die weibliche Stimme direkt in den Hörer. Sie klang jetzt klar und nüchtern: «Ich konnte Ihre Apple ID zurücksetzen. Haben Sie noch Fragen?» Doch Paula stellte keine weiteren Fragen mehr.

Lilo

Wenn ich das jetzt gesagt hätte, dachte sie. Aber wenn die anderen es sagten, passierte nichts.

Die Liste

Eine alte Frau und ein alter Mann sassen im Zugabteil und waren zum Wandern gerüstet. Sie war in einer aufgekratzten Stimmung und las triumphierend vor, was in der Zeitung stand. Zum Beispiel las sie: «Die wieder angesiedelten Störche setzen neue Akzente» oder «Der Ball liegt beim Bundesrat». Der alte Mann sagte nichts dazu, sondern schaute in milder Bereitschaft aus dem Fenster. Die Morgensonne am Himmel, grüne Wiesen glitten vorbei und Bäume glitzerten. Es war ein Tag, dem man gerecht werden musste. Aber wie? «Man kann davon ausgehen, dass darüber abgestimmt wird», las die Frau weiter vor. Dann war ein Brummen zu hören. Es war das Brummen eines Handys und löste Verwirrung aus. Zunächst war unklar, woher das Geräusch kam. Doch es kam von oben, vom Rucksack auf der Gepäckablage und darin von einem schwer zu erreichenden, innersten Fach, das mit einem Reisverschluss verschlossen war. Während der Mann vorsichtig den Rucksack nach unten holte, verstummte das Telefon. Ein Lächeln erhellte sein Gesicht, als er den Bildschirm betrachtete. «Wer war es?», fragte die Frau. «Das Hedi Baumgartner», antwortete der Mann. «Das kenne ich aber nicht», sagte sie. «Das ist eine ganz Nette, sie wohnt am Amselweg.» «Ich kenne sie aber nicht, oder kenne ich sie?», wollte die Frau wissen. «Sie ist erst nach dir auf die Liste gekommen», sagte der Mann, dessen Stimme gütig klang. Es war, als hätte er damit alles geklärt. Die Frau schien über die Liste nachzudenken und fragte dann: «Ist sie denn ein wenig eine Jüngere?», aber der Mann hörte es nicht, da er manchmal nicht alles hörte. «Ist sie denn ein wenig eine Jüngere?» Der Mann hörte es nicht, gutmütig schaute er aus dem Fenster. Da schien die Frau mit ihrer Stimme jedes Wort einzeln in die Luft zu schreiben und fragte noch einmal, ob sie denn nicht jemand ein wenig Jüngeres sei. Der Mann legte abwägend den Kopf schief und überlegte: «Etwa Mitte siebzig.» «Dann ist sie schon eine Jüngere», rief die Frau, «zehn Jahre jünger als wir.» Der Mann widersprach nicht. Mit Wohlwollen hörte er der Landschaft zu, die vor dem Fenster an ihm vorbeizog, die Bäume schienen Kinder zu sein, die ihm ein Lied vorsangen, während die Frau auf ihre Wanderschuhe starrte. Mit einer plötzlichen Bewegung stand sie auf und ging mit ausholenden Schritten, ihre Skistöcke auf den Boden abstützend, auf die Toilette am Ende des Wagens zu. Ihr Mund war ein wenig geöffnet, als ob es sie blendete. Es drängte sie, mit ihrem Skistock einen der

Berge aufzuspiessen. Oft kam sie sich grob vor. Ihr Inneres drohte immer hervorzubrechen. Das ruhige Gesicht des Mannes aber war die ganze Zeit gutmütig geblieben. Er hatte die Oberhand, wie alle, die nichts von sich zurückhalten mussten, da nichts sie je bedrohte.

Moritz

Moritz findet eigentlich immer, dass ihm sein Gegenüber nicht richtig zuhört. Er sagt dann: «Du hörst mir ja gar nicht richtig zu.» Sein Gegenüber sagt daraufhin normalerweise: «Das musst gerade du sagen. Du hörst mir ja auch nicht richtig zu.» Moritz schüttelt nur den Kopf. Er findet, dass die anderen mehr von ihm lernen können als er von ihnen. Denn er weiss bereits, dass er ist wie sie. Sie aber wissen noch nicht, dass sie sind wie er. Damit sie es wissen und endlich lernen, anders zu sein, müssten sie ihm aber endlich einmal richtig zuhören.

Odile

Gegen Abend fiel Odile in ein tiefes Schaf. Sie hängte es nicht an die grosse Glocke.

Jane

Jane gibt die sechs Stunden, die sie beim Hinflug geschenkt bekommen hat, beim Rückflug wieder zurück. Sie liebt es zu kürzen.

Violette

Violette möchte mit den Leuten, die an ihr vorbeigehen, etwas anfangen. Aber sie sind schon weit fortgeschritten.

Fanny

Fanny hat eine ganz eigene Wahrnehmung. Darum konnte sie den Termin nicht wahrnehmen.

Nathalie

Und Nathalie? Sie verschwand in der Lücke des Lebenslaufes.

Tamara

Fast hätte sie gehupt.

Die bösen Beine

Es sind die bösen Beine, die sich in der schönsten Landschaft bei Gisela melden. Gisela, die mit drei Freundinnen auf einer kleinen Wanderung ist, sagt, sie könne ab jetzt weder allein zurück zum Hotel gehen noch weiterlaufen, denn die bösen Beine hätten sich wieder gemeldet. Ihre drei Freundinnen, alle über achtzig und gut auf den Füssen, lieben die Natur. Als hätten sie nichts gehört, entfernen sie sich mit tanzenden Schritten, vorgebend, den immer weiter entfernten leuchtenden Blumen folgen zu müssen, um diese zu bewundern. Gisela sieht ihre weissen Haarschöpfe immer kleiner werden und setzt sich auf einen kalten Stein. Als die drei Freundinnen nach einer Stunde zurückkommen, sind sie bei ihrem Anblick überrascht und entzückt, als hätten sie eine seltene und doch altbekannte Blume entdeckt. Sie streichen ihr übers Haar, loben ihr gesundes Aussehen, wischen ihr die Tränen mit blendend weissen Taschentüchern aus dem Gesicht und hängen sich bei ihr ein. Auf dem Rückweg zum Hotel pfeifen sie leise vor sich hin.

Auf dem Friedhof

Josef, der Schwiegersohn, steht drei Wochen nach dem Tod seiner Schwiegermutter Rosemarie an ihrem Grab. Er gebe es offen zu, dass sie kein einfaches Verhältnis hatten und er wisse auch, dass sie sich gewünscht hätte, sie würden das Geld für etwas anderes ausgeben. Umso mehr sei es ihm ein Bedürfnis, sich bei ihr zu bedanken für die Safari-Reise, die sie morgen früh in Angriff nähmen. Beschwingt verlässt er den Friedhof. Man liest von Touristen, die von Löwen gefressen werden oder Flüge verpassen. Aber Josef und seine Frau kommen munter zurück. Am besten haben ihnen die Ohren der Elefanten gefallen.

Annelies

Ihr ganzes Leben lang hat Annelies nie etwas aufs Spiel gesetzt. Sie war immer im Einsatz.

Am zu kleinen See

Die hellen Schatten fliegen wie stille Möwen die Äste empor. Es sind Lichtvögel, Fledermäuse oder Schwalben, die auf den Blättern unaufhörlich nach oben steigen, oder Schmetterlinge aus Licht. Es knackt. Und ein trockenes Blatt fällt ins Wasser. Die Oberfläche des Wassers bewegt sich in scharfen Wellen, sodass der See einer halb auseinandergezogenen Ziehharmonika gleicht, die nun ihrerseits einem See ähnelt und gegen das vermeintliche Ufer klatscht. Er, der sich mit dem Rücken gegen einen Stamm lehnt, ist bereit, die Boten auf den Blättern zu empfangen. Sie flüstern ihm zu, dass es wahr ist, dass er verlassen wurde. Er fühlt sich wie jene knisternde Pappel auf der Anhöhe des Hügels hinter dem See, es ist die zweite von links, die nicht anders kann, als den Wind herbeizurufen im Wissen, dass er wieder abziehen wird. Das silberne Knistern ist zu hören, dann herrscht wieder Stille. Es gefällt der Pappel, und dennoch hat sie eine Welt, in der ihr Rauschen und Säuseln nichts als ein Besuch des Windes gewesen wäre, nie gekannt. Aber ist das schlimm?, fragt er. Und stimmt es überhaupt? Fridolin, der an einem viel zu kleinen See sitzt und nach innen lauscht, glaubt es nicht, denn er ist kritisch. Alles ist unerträglich mild und bekannt. Er ahnt, dass der Schmerz heftiger ist, so stark, dass er ihn kaum spürt, nur sein Wälzen, das so tief unten vor sich geht, dass es nur die feinsten Boten sind, die ihn erreichen. Er ist froh darum, dass sie sanft sprechen. Er spürt aber auch, dass man ihm die ganze Wahrheit vorenthält. Die Boten beruhigen ihn, sie flüstern von dem Fluss der Veränderung, der Zukunft, es ist dort alles möglich, aber nichts gewiss. Ein Flugzeugkäfer brummt am Himmel. Ein Zug donnert hinter der weiteren Kulisse. Sonntagsspaziergänger und Sonntagshunde setzen sich dem Seerundweg aus. Der Sonntagsscheinwerfer zielt auf die Spazierenden. Entsetzt bemerken sie die feinen Körnchen aus Staub, die aus ihren Gesprächen aufsteigen und in der Luft tanzen. Und alle sehnen sich nach einem grösseren, klareren Schmerz.

Isabelle

Isabelle ist um einen Schlüssel leichter geworden.

Matteo

Es schmerzt Matteo, Frauen kennenzulernen, die er mag.
Es ist, als hätten sie ihn verlassen.

Ein Anliegen

Auf der Dating-Plattform reagieren die Frauen zunächst positiv auf ihn. Erst, nachdem er ihnen ein extra für sie angefertigtes Liebesgedicht geschickt hat, beginnen sie, sich unauffällig aus dem Staub zu machen. Es bleibt ihm ein Anliegen, für das geliebt zu werden, was er am besten kann.

Reihenfolge

Es ärgerte sie, dass er nicht schrieb. Sie hätte ihm selbst gerne nicht geschrieben.

Belda

Belda weiss, dass sie eine Person ist, die ihr erst einmal jemand nachahmen muss. Solange das niemand tut, fühlt sie sich verpflichtet, weiterzumachen wie bisher.

Bedingungen

Ein schwitzender Mann schob mit ausgestreckten Armen ein Klavier vor sich her. Hinter ihm ging eine gut gelaunte Frau mit einem grünroten Drink in der Hand, aus dem ein Röhrchen ragte. Mitfühlend kommentierte ein Tourist das offensichtlich schwere Gewicht des Klaviers. Die hinter dem Mann hergehende Frau mit dem Drink aber blickte ihm tief in die Augen und sagte: «Wenn man etwas stiehlt, soll es nicht auch noch leicht sein.»

Ein plötzlicher Frost

Moïse musste einen Moment lang abwesend gewesen sein, denn er hätte schwören können, dass die Frau im grauen Regenmantel, die er plötzlich zwei Meter vor sich in der Reihe sah, vorher nicht dort gestanden hatte. Seit drei Stunden wartete er unausgeschlafen in der Schlange am Flughafen und immer noch war er weit entfernt von dem einzig offenen Schalter. Er versuchte, mit den anderen Wartenden Blickkontakt aufzunehmen, doch sie schienen entweder nicht bemerkt zu haben, dass die Frau sich vorgedrängt hatte oder sich nicht daran zu stören. Ihn aber störte es. Endlich nahm er all seinen Mut zusammen und sprach die unauffällig angezogene Frau darauf an. Er hörte sich zu ihr sagen, dass sie vorher aber noch nicht vor ihm gestanden habe. Doch seine Worte blieben ohne Hall, als hätte er sie nie ausgesprochen. Er versuchte es noch einmal, doch die Frau schien ihn nicht zu hören, sie schaute einfach vor sich hin und erst, als er sich direkt vor ihre Augen stellte und in ihr Gesicht starrte, blickte sie abwesend durch ihn hindurch. Sie strahlte eine Selbstverständlichkeit aus wie alles Böse auf der Welt, das immer so tat, als wäre es immer schon da gewesen und würde für immer da bleiben. Ihn fröstelte.

Verspätung

Ludmilla besass ein engagiertes Herz, offene Ohren und den Hang, es allen recht machen zu wollen. Doch sie warf den vielen bettelnden Katzen vor dem Fischrestaurant, unter deren Fell sich traurig die Knochen abzeichneten, nichts hinunter. Grund dafür war, dass sie in jenem Moment eine Stimme hörte, die meinte, man habe aus reinem Mitleid noch niemandem einen Dienst erwiesen. Während sie den letzten kleinen Fisch in den Mund steckte, forderte sie die Katzen stattdessen in einer Geheimsprache auf, sich besser zu organisieren. In dem Moment richtete sich das linke Ohr einer grauen Katze noch stärker auf, die schwarze klopfte drei Mal mit ihrem Schwanz auf den Boden und die dritte gähnte.
Das war am Mittag gewesen ihres letzten Ferientages auf der Insel. Am Abend stieg Ludmilla in die Fähre, die sie zurückbringen sollte. Vom Schiff aus sah sie der kleiner werdenden Insel zu und machte Fotos. Als sie den Bildschirm aber Richtung Fischrestaurant lenkte, stutzte sie und zoomte näher heran. Was sie sah, liess sie erschauern. Zu Hundertenschaften mussten sich die dürren Katzen in der Dämmerung vor dem Fischrestaurant zusammengefunden und auf den richtigen Moment gewartet

haben. Jetzt war alles bereits in Gang. Sie fluteten die Tische, krallten sich auf den Köpfen der Gäste fest, fegten mit ihren Pfoten die Weingläser auf den Boden und frassen gierig von den gebratenen Fischen auf den Tellern. Atemlos schaute Ludmilla zu. Erst als ihr langsam der Arm weh tat, liess sie das Telefon sinken und setzte sich auf einen der blauen Plastikstühle. Dort gab sie sich einige Minuten einer stillen Freude hin. Nach und nach aber mischte sich ein Schmerz in das Geschehen. Ludmilla hatte begonnen, über die Fische nachzudenken. Warum hatte sie den Katzen geholfen, nicht aber den Fischen? Sie schämte sich, nicht früher an sie gedacht zu haben und entschuldigte sich für die Verspätung.

Dämmerung

Immer muss sie alles selber machen. Darüber wurde es Abend. In der Dämmerung fiel sie langsam in ein tiefes Schaf.

Überraschender Fund

Sie fand es endlich vor den Fröschen am nächtlichen Teich. Es war das lange gesuchte Gehör.

Geschenk

Und was zwischen acht und elf Uhr abends geschah, das schenke ich dir. Mit diesem Satz schloss sie ihren Bericht ab, der den Rest des Tages umfasste. Er wusste, dass es ein grosses Geschenk war. Mutig nahm er es an und öffnete es nie.

Ein sehr schöner Abend

Es gab ein lästiges Mittelalterfest in St. Ursanne. Der Abend war bereits in die frühe Nacht übergegangen und eine Frau und ein Mann, die wie ein Pärchen aussahen, gingen durch eines der drei mittelalterlichen Tore, verliessen das goldene Heu auf dem Boden, die rasselnden Rüstungen und die um trunkene Geselligkeit bemühte Stimmung. Sie schlenderten etwa eine halbe Stunde der linken Seite des Flusses entlang, nahmen irgendwo eine Brücke und drehten dann auf der rechten Seite des Flusses wieder Richtung Stadt. Dort bemerkten sie die Autos, die vergessen auf der grossen Wiese am Flussufer warteten. Sie lagen verstreut auf dem feuchten Gras, als wären sie aus einer grossen Hand gerieselt, die über der Gegend eine Hand voll Autos verteilen wollte, so wie jemand eine Hand voll Körner für die Hühner über den Boden streut, aber vielleicht aus Zerstreutheit anstelle der Körner Autos nimmt. Die Autos lagen darum wie schwarze Körner in der Dunkelheit auf der nachtgrünen Fläche und man konnte fast nicht anders, als sich zu fragen, wann die hohen Hühner kämen, um auf der Wiese hin und her zu flanieren, einen Blick zum Mond zu werfen und im nächsten Augenblick mit ihren Schnäbeln nach unten zu schnellen und ein Auto nach dem anderen aufzupicken. Der Fluss rauschte neben der Wiese und die tapferen Büsche und Sträucher am Ufer wirkten grosszügig und gefasst, als würden sie für Insekten und Frösche geradestehen, aber auch für Antilopen, Schakale oder ein Krokodil. Das Paar, um das es hier geht, betrachtete das alles mit Wohlgefallen, denn da die beiden ein paar Tage Ferien machten, waren sie entschlossen, vieles zu sehen und alles interessant und einzigartig zu finden, was sie erlebten. Manchmal brauchte es dafür einen grösseren Aufwand, manchmal einen kleineren, manchmal auch gar keinen. Was sie dann hörten und sahen, war ohne Aufwand interessant. Es klopfte nämlich. Es klopfte jemand von innen her gegen die Hintertür eines schmalen Lieferwagens, der so kurz war, als hätte ihn jemand, um die normale Länge zu reduzieren, zusammengeschoben, sodass er zwar wie ein zusammengeschobener Lieferwagen aussah, dafür in jeden Parkplatz passte. In diesem Fall stand er aber auf dem Gras. Hinter der Tür, vor der sie nun standen, erstreckte sich ein Kofferraum, der nicht lange war, aber doch so gross, dass sich darin zwei Personen aufhalten konnten, nicht stehend, aber auch nicht nur sitzend, sondern man konnte sich darin immerhin auf den Knien in die Höhe recken, ohne den Kopf einziehen zu müssen. Die Tür, die den Kofferraum mit der äusseren Welt verband, konnte man öffnen. Von aussen ging das leicht, von innen offenbar nicht, wie das Rütteln und das Klopfen aus dem Lieferwagen den Aussenstehenden verriet. Das Paar hörte kurz zu, dann öffnete Linda, so hiess die Frau, den Kofferraum. Es war kein Kunststück, sie musste nur die Klinke nach unten drücken und mehrmals stark daran ziehen, da diese etwas klemmte. Auf der anderen Seite der Tür lachten ihnen eine erleichterte Frau und ein erleichterter Mann entgegen. Der Oberkörper des Mannes war nackt. Die Frau trug ein besticktes Unterhemd. Die Wangen glühten, die Haare waren zerzaust. Der Mann mit nacktem Oberkörper sprach aus, was sich Linda und ihr Freund schon gedacht hatten, dass der Kofferraum von innen nämlich plötzlich nicht mehr zu öffnen gewesen sei. Sie hätten Angst gehabt, für immer darin bleiben zu müssen. Linda und ihr Freund waren glücklich, diesen beiden Menschen aus den Fängen des Autos, das zuerst Schutz vor Blicken und Bequemlichkeit versprochen, sich danach aber als Falle herausgestellt hatte, zu befreien. Es war ein sehr schöner Abend für das Paar, an dem niemand etwas auszusetzen hatte. Drei Meter hohe Hühner, die im Mondschein leise gackernd über das taunasse Gras im Rauschen des

Flusses gegangen wären, um nachdenklich die dort liegenden Autos aufzupicken, brauchte es darum nicht mehr.

Gertrud

Gertrud kann es nicht glauben, ihren Ausweis nach drei Tagen vergeblicher Suche ausgerechnet mitten auf dem sonst leeren Nachttischchen zu finden. Sie hält es für unmöglich, dass er ihr dort nicht schon früher aufgefallen wäre. Es gelingt ihr darum nicht, sich so zu freuen, wie sie sich gern gefreut hätte. Sie spürt keine Erleichterung. Immer schon hat Gertrud es als ihr persönliches Problem betrachtet, vieles nicht glauben zu können. Dieses Mal aber findet sie, es sei eigentlich nicht ihr Problem.

Die Sorge des Tunnelingenieurs

Ein Mann beobachtete Stephanie. Sie hatte gerade einen Auftritt gehabt, fern liegende Gedanken geäussert und jetzt, nach der Show, war sie aufgekratzt, lachte viel und schallend. Der Mann konnte nicht entscheiden, ob sie in den Augen der Menschen, die darüber bestimmten, was möglich war und was nicht, als möglich oder unmöglich betrachtet würde. Stephanie spürte seinen Blick, wendete sich ihm zu und sagte: «Haben Sie eine Frage?» Der Mann, von Beruf Tunnelingenieur, antwortete schüchtern, er hätte eigentlich schon eine Frage, aber er getraue sich nicht, diese zu stellen. Als Stephanie darauf beharrte, fragte er schliesslich zögernd, ob sie allein lebe oder in einer Partnerschaft. «Mit meiner Freundin», antwortete sie. Der Mann fragte wiederum, als ob es ihn grosse Überwindung koste: «Und *versteht* Ihre Freundin Sie?» «Ich denke schon», antwortete Stephanie, «doch, ich glaube schon». «Dann ist gut», meinte der Tunnelingenieur. Er klang erlöst und verliess bald, um eine Sorge leichter geworden, mit luftigen Schritten den Saal.

Das Wurstbrett und die Galerie

Einen Moment lang verwechselte Colette, die sich in einer Galerie befand, einen schwarzen, sich drehenden Tisch, auf dem Kunstgegenstände kreisten und der darum einerseits der Kunst diente und andererseits selbst Kunst war, mit einem normalen Tisch, dessen Ablagefläche sich für das kurzzeitige Niederlegen eines Wurstbrettes eignete. Sie legte also das Wurstbrett dort ab. Colette hatte auf Bestellung für die Vernissage einen Imbiss organisiert und wollte nur schnell ihren Mantel und ihre Tasche holen, das Wurstbrett vom Tisch gleich wieder wegnehmen und es in der Tasche verstauen, um die Galerie zu verlassen. Doch gerade nachdem sie das Wurstbrett hingelegt hatte, flog der Galerist auf sie zu und riss es vom sich drehenden Tisch wie die Hand eines Kindes von einer heissen Herdplatte, wobei er nicht die Hand, also das Wurstbrett, schützen wollte, sondern die Herdplatte, den Tisch. Sofort schmetterte ein Schwert von Flammen durch Colettes Brust, heisse Tränen der Scham schossen ihr in die Augen, denn sie merkte, dass sie etwas Heiliges gestört hatte und dass ihre Schuld niemals aufgehoben werden würde durch die Tatsache, dass sie es weder gewollt noch bemerkt hatte. Der Galerist sah sie zornig an und sagte: «Irgendwo hört die Toleranz aber auf.» Drei Mal flehte sie um Vergebung. Sie hätte alles dafür gegeben, die Zeit zurückspulen zu können und das Wurstbrett nicht auf dem Tisch abgelegt zu haben. Der Galerist aber sagte kalt: «Schweigen Sie. Am besten, Sie erinnern mich ihr ganzes Leben lang nie mehr daran.» Das war vor fünf Minuten. Während Colette jetzt ihren Mantel anzieht, spielt sich ein Film in ihrem Kopf ab: Sie sieht, wie eine Frau ein Wurstbrett auf einen schwarzen, sich drehenden Tisch legt, und zwar mit einem gar nicht so kleinen Abstand zu den darauf installierten feinen Kunstobjekten, die sich davon unbehelligt weiter im Kreis drehen. Das Wurstbrett, wie es auf dem Drehtisch liegt, wird sofort zu Kunst. Wenn man näher herantritt, erkennt man die Spuren, die die Wurstmesser darauf hinterlassen haben. Man liest von jenen Würsten auf dem Wurstbrett wie vom Schicksal aus den Handflächen und erfährt von Schweinen, Rindern, Pferden und Kühen, deren frühere Form in eine Wurst umgewandelt worden ist. Die Frau im Film sieht nun plötzlich anstelle der Kunstobjekte aus Papier lange und kurze Würste, schwarze und rote, dicke und dünne. Alle überzeugen durch ihre vollendete Form, während die Umrisse der blass erinnerten Schweine, Rinder,

Pferde und Kühe schwammig und noch nicht ganz in ihrer Form erscheinen. Da ändert sich etwas in der Einstellung. Colette sieht die Szene und sich selbst nun durch den Blick des sensiblen Galeristen, der zwar plötzlich das Wurstbrett als Kunst anerkennt, nicht aber ihre eigene unförmige Erscheinung, die ihn an eine Kuh erinnert, überschwappend und schwerknochig. Erst als Wurst wäre sie Kunst. Die einzige Möglichkeit für ihn, der Frau, die den Imbiss vorbereitet hat, zu verzeihen, ist, sie aus seinem Gedächtnis zu löschen. Sie würde sterben, die Kunstobjekte auf dem drehenden Tisch aber würden für immer weiterleben. Colette packt ihr Wurstbrett. Als sie die Galerie verlässt, ist ihr leicht schwindlig.

Das Klopfen

Der Zweifel klopfte an ihre Tür und bat um Einlass. Hinter der Tür stand Isolde und zweifelte daran, ob es überhaupt nötig war, dass er klopfte.

Susanne

Sie flüchtete sich in Ausflüchte. Es war die einzige Möglichkeit zu fliehen.

Clairette

Immer, wenn Clairette jemanden besuchen will, fällt ihr ein, dass die Person, die sie besuchen will, sich gerade selbst besucht. Da will sie lieber nicht stören.

Überraschung

Sie schaute genau hin. Und aus dem Rahmen fiel der Rahmen.

Bettina

Anstatt die Nüsschen aus der Hand, frass sie die Fresken von der Wand.

Leonor

Leonor gelingt es nicht, die Leute abzuholen. Sie wäre aber bereit, sie zu empfangen.

Wünsche

Charlottes Wünsche sind in Erfüllung gegangen. Aber sie hätte gern andere gehabt.

Nachhaltigkeit

John, der in einem Leben ohne Träume keinen Sinn finden kann, beschliesst der Nachhaltigkeit zuliebe, sich in Zukunft nur noch genau das erträumt zu haben, was er auch wirklich erlebte.

René

René glaubt, dass das, was er sagt, ja jeder sagen könnte.

Matz

Matz kann es schlecht ertragen, für etwas verurteilt zu werden, für das er sich selbst schon verurteilt. Darum erzählt er niemandem davon, dass er Katzenvideos schaut, anstatt Rechnungen zu bezahlen. Denn nachdem er die Katzenvideos geschaut, die Rechnungen aber wieder nicht bezahlt hat, verurteilt er sich in aller Schärfe dafür, Katzenvideos geschaut, anstatt Rechnungen bezahlt zu haben. Er erledigt gerne alles gleich selbst.

Guido

Wenn Guido wählen könnte, würde er in seinem Leben alles noch einmal genau so machen, wie er es bereits gemacht hat. Denn er will auf keinen Fall etwas bereuen.

Clemens

Im richtigen Leben ist er Polizist.

Pascale

Pascale begann, die Dinge von ihrem Ende aus zu denken.

Dehnung

Odile fiel in ein tiefes Schaf. Einen langen Hals machend, spähte sie in die Vergangenheit.

Die geheimnisvolle Lust der orangen Katze

Eine Katze von fröhlichem Orange, die der Anwohnerin entgegenkam, als hätte sie schon lange genau das im Sinn gehabt, empfing sie mit kontrollierten Sprüngen. Obwohl die Katze die Anwohnerin gar nicht kannte, schmiegte sie sich an ihr Bein. Dann ging sie voraus und rieb sich ihre lange Seite mit dem schönen Fell an einer der Metallstangen, die seit kurzem die Umgebung verwirrten. Die Stangen waren vor wenigen Tagen über Nacht als Schwarm gekommen und in aller Stille vor und auf dem Haus gelandet. Sie überragten es an Höhe und übertrafen es an Breite. Plötzlich waren sie da gewesen. Ausser einer. Diese war morgens um acht Uhr vor dem Fenster in Sekundenschnelle in den Himmel gewachsen, die Anwohnerin hatte ihr vom Bett aus zusehen können. Das Doppelhaus war Teil einer langen Siedlung. Und nun nahmen die Stangen Mass für den Sarg. Furchtbar glänzten die Stangen in der Sonne, wenn es Tag war, nun aber waren sie von mattem Silber. Die Anwohnerin war vorhin stehen geblieben, um sich über all das Gedanken zu machen und hatte ihre Einkaufstaschen auf den Boden gesetzt, worin sich Frühlingsrollen befanden, die man leicht in den Ofen schieben konnte.

Nun ging sie aber weiter, der orangen Katze hinterher. Es war ein Spalier, durch den sie und die Katze schritten. Eine der Stangen war direkt auf dem Gehweg gelandet, drei Pflastersteine waren deswegen zerbrochen. Eine andere Stange hatte sich in der Wiese eingenistet, Erdklumpen lagen um sie herum. Eine dritte Stange stand finster hinter der Tanne und überragte diese. Die Gebäude der Siedlung, zu der das Haus gehörte, waren in den fünfziger Jahren des letzten Jahrhunderts gebaut worden. Ihre äussere Erscheinung mochte bei Regenwetter trostlos wirken, innen überzeugten die Wohnungen durch eine gelungene Raumaufteilung. Die Anwohnerin, die gerade vorher noch den Sarg wahrgenommen hatte, den die Stangen in die Luft zeichneten, sah in den Stangen nun plötzlich dünne Geier, die nur noch abwarteten, bis die Innereien hervorplatzten. Die Katze, die vor ihr hersprang, schien es nicht so zu empfinden, denn sie lehnte sich wieder genüsslich gegen eine der Stangen. Die Anwohnerin näherte sich ihrem Wohnhaus. Die Türe stand ausnahmsweise offen. Der laue Nachtwind und die Abendruhe, es mochte zehn Uhr nachts sein, zogen ein und aus und es war, als ob das Haus atmete. Die Katze stieg hinter ihr die Treppe hoch und rieb das Fell dieses Mal an den Metallstäben des Treppengeländers. Je höher die Frau stieg, desto dunkler wurde es. Die Katze zögerte. Ihre Pfoten verlangsamten sich, versuchten noch eine Stufe, gingen aber nicht weiter.

Die Anwohnerin, die gerade noch verhindern wollte, dass die Katze in ihre Wohnung schlüpfte und sich hemmungslos an ihr Bein schmiegte, bemerkte nun, dass es der Katze nie um sie, sondern immer nur um Stangen gegangen war. Kurz spürt sie einen heftigen Schmerz. Im Inneren der Wohnung fühlte sie sich angenehm vergessen. Sie trank einen Schluck kalten Tee auf dem Balkon und betrachtete die Stangen, die sich kaum noch abhoben von der Dunkelheit. Sie meinte, die Katze über die Wiese huschen zu sehen. Und plötzlich wollte auch sie sich an die Stangen schmiegen, an ihnen in den Himmel klettern, die Stangen und sich selbst verlocken mit dieser Lust. Wolken hatten sich vor den Mond geschoben. Von Bäumen gesättigte Luft umgab sie. Die Blätter an den Ästen spielten in der Dunkelheit. Die orange Katze war weder zu hören noch zu sehen. Sie hörte, wie sich die Stangen leise im Wind bewegten.

Die Hunde

Ein Mann, der vor einigen Jahren seinen Hund am Flussufer ausgesetzt hatte, kurz bevor er mit einem Rucksack auf eine lange Weltreise ging, glaubte ihn an jenem Abend bei einem nächtlichen Spaziergang im Hafengebiet plötzlich wiederzuerkennen. Der Hund war ein muskulöser Teil eines ineinander verschränkten Rudels zähnefletschender, ehemals weisser Pudel, die sich beim Anblick des Mannes nicht sicher zu sein schienen, ob sie Angst hatten oder Angst machten. Auf jeden Fall stiessen sie mit ihren Vorderkörpern in seine Richtung, während etwas sie von hinten rückwärts zog. Der Mann wollte seinen früheren Hund beim Namen rufen, aber vieles hatte sich in den vergangen Jahren zwischen ihn und den Hund geschoben, sodass er sich nicht mehr an seinen Namen erinnern konnte. Als ihm der Name dann doch einfiel, war er nicht mehr sicher, ob der Pudel, den er vorhin als seinen früheren erkannt hatte, wirklich derjenige war. Trotzdem rief er seinen Namen lockend, schmeichelnd und drohend in die Menge, doch unverwandt ruhte der Blick des Hundes, den er meinte, und der aus tiefliegenden Augen zwischen all den anderen Hunden hervorstach auf dem Gesicht seines früheren

Besitzers. In den langen und unförmig gewordenen lockigen Fellen hatten sich Zementbrocken und Drahtstücke verfangen. Die Schnauzen blitzten im gelben Licht der Hafenbeleuchtung, ein hohes Gebell jagte immer lauter werdend aus den Körpern, und die feuchten Augen schienen aus den Köpfen zu springen.

Tradition

Sie hatte zwei Bier getrunken und war ein bisschen angeheitert, sodass sie Alexei, der in der Dunkelheit sass, denn der Strom war unterbrochen, zärtlich über den Kopf strich. Es schien ihm zu gefallen, auch wenn er es nicht sagte und es bei ihr niemals getan hätte, da er ja etwas überwacht von sich selbst oder den anderen war, ein bisschen wie ein Mönch. Die Stimmung war schön, so in der Dunkelheit zu sitzen und zu essen, auf Teller am Boden zu treten. Nur die Taschenlampen warfen einzelne Bilder von dem, was bei Licht da war, in die Dunkelheit. Vom Himmel hob sich ein Bananenblatt ab, das geschah dank der Glut auf dem Herd. Als das elektrische Licht auf einen Schlag wiederkam, zuckten alle zusammen. Die Dinge, die eben noch frei in der Dunkelheit herumgerannt und herumgeschwebt waren, standen plötzlich wieder genau da, wo sie vorher ihren Platz gehabt hatten. Nie kamen sie auch nur eine Sekunde zu spät. Das hatte eine lange Tradition.

Der grössere Schlüssel

Die ganze Nacht lang sprachen sie in einer kleinen Bar über die Politik, die Weltlage und die Umwelt, auch das Weltall. Sie, das waren Perle und Berthe. Sie sprachen wirklich über alles und tranken dabei eifrig Bier aus langen Gläsern, ohne zu wissen, wohin es führte. Die Stunden vergingen im Gespräch, das wie ein schöner Vogel über der Welt kreiste und sich einen Überblick verschaffte, während die Nachtluft sanft durch sein Gefieder strich. Gegen vier Uhr morgens liess sich der Vogel auf einer Stromleitung nieder und etwas begann sich zu lichten. Auf dem Feld mit den eingepackten Heuballen, das der Vogel überblickte, im Untergrund des Meeres, an der Decke der Bar, aber auch in ihren Gedanken. Und plötzlich spürten sie einen Schlüssel in ihren Händen, den sie anscheinend selbst durch ihr langes Gespräch angefertigt hatten. «Ist es ein Verteilschlüssel?», fragte Perle. «Hauptsächlich ja, aber nicht nur», antwortete Berthe, und eigentlich hatte das auch Perle schon gewusst. Sie begutachteten den Schlüssel voller Staunen. Alles liess sich damit öffnen. Und öffnen hiess in jener Nacht lösen. Alle Kriege lösten sich in Frieden auf. Die Natur erholte sich von den Menschen, ohne sich ganz von ihnen zu lösen.

Die Menschen lösten sich von sich selbst, den harten Bedingungen der Natur und ihrem Drang, sich darum immer so hart abgrenzen zu müssen. Berthe und Perle mussten nur an etwas denken und es dann mit dem Schlüssel öffnen und eine kleine Operation am – Perle nannte es *offenen Herzen* – machen. Sofort war es gelöst. Glücklich tranken sie noch ein paar Gläser Bier. Sie umarmten alle, die im Raum herumstanden, was nicht mehr so viele waren. Als die Bar schloss, schlenderten sie in Hochstimmung durch die Nacht. Gelbe und weisse Blüten wirbelten am Boden. Perle erreichte ihre Wohnung. Ein wenig noch drehte sich die Decke über ihr, dann hatte der Schlaf, der wohl schon vor Stunden losgelaufen war, sie erreicht. Als sie wieder aufwachte, hing ein dunkler Nachmittag am Himmel. Die Bäume hielten die Stellung. Es war windstill und ein Nachbar brachte den Kompost weg, was nichts Schlechtes war, aber etwas Verbohrtes ausstrahlte. Sie blieb noch ein wenig am Fenster hängen und beobachtete ein paar andere Menschen. Sie wirkten nicht gelöst. Perle trank kleine Schlucke Kaffee und kramte in ihren Erinnerungen, während eine Flut winziger Fruchtfliegen um sie herumschwirrte, sich an der Decke und an den Wänden einnistete und sich auf ihre Hände setzte. Eine der Fruchtfliegen flog in ihr linkes Auge. Vor dem Spiegel im Bad gelang es ihr, sie von dort wieder hinauszuklauben. Sie war nichts als ein schwarzer Punkt, den sie in die Toilette warf. Wieder setzte sie sich in die Küche und erinnerte sich. Sie musste den Schlüssel in den kühlen Morgenstunden auf der blütenbedeckten Strasse verloren haben, in jenem Moment, als der Fuchs die Strasse überquert hatte und hustete. Aber irgendwo, irgendwo musste der Schlüssel doch noch sein. War es eine Lösung oder keine Lösung, die Fruchtfliegen in Schalen voller Essig, Zucker und Spülmittel ertränken zu lassen? Sie würden angelockt von dem Essig, und dann, wegen des Spülmittels, die klebrige Oberfläche der Flüssigkeit nie mehr verlassen können. Perle sehnte sich nach dem grösseren Schlüssel. Sie rief Berthe an. Aber diese schlief wahrscheinlich noch.

Der Blick

Es ist kurz vor Mitternacht, Herbst. Sie atmet auf und fährt hinein. Sie übergibt sich dem Takt der SOS-Telefone, den Spuren, den Notfallbuchten. Je länger sie fährt, desto mehr kommt es ihr vor, als fahre sie seit Stunden durch die Dunkelheit. Sie hört ein Hämmern und Bohren aus den Wänden, sieht verschwommen Schatten von Männern in Overalls mit Helmen auf dem Kopf und Pickeln in der Hand. Es ist der Tunnelblick, der es ihr gewährt. Dann, Jahre später, zwei chinesische Wanderer mit Rucksäcken und Wanderstöcken, eine holländische Familie picknickend in einer Notfallbucht. Im Abstand von Jahren immer wieder Menschen, die versuchen, ein Zelt aufzustellen in einer der Nischen, dann plötzlich eine leicht bekleidete Frau, die für Fotos posiert vor einem SOS-Telefon. Wiederum vergehen, so scheint es, Jahre, ein Dudelsackspieler im schottischen Kilt blitzt auf und verschwindet in der Dunkelheit. Immer noch fährt sie geradeaus, fährt weiter und weiter. Die Augen fallen ihr zu vor lauter Gleichförmigkeit, die Jahre fordern ihren Schlaf. Sie spürt die Gefahr und schaltet das Radio ein. Eine Stimme spricht: «Frau ignoriert 64 Warnsignale und fährt durch den gesperrten GotthardTunnel.» Das ist es also, denkt sie und ist erleichtert, fast glücklich, dass man weiss, mit was man es zu tun hat. Sie wendet, es ist plötzlich ganz leicht, vor der Tunnelausfahrt in Airolo und fährt zurück Richtung Norden. Und dann sieht sie es, endlich, dort in der Ferne, das strahlende Licht am Ende des Tunnels. Die Scheinwerfer der Polizei von Uri fallen in diesem Moment auf sie, als seien es die erstaunten Augen Gottes.

Vorsicht

Hatte sich da gerade ein Bagger bewegt, mitten in der Nacht?
Sie will es nicht ausschliessen. Denn sie selbst hat immer Angst, ausgeschlossen zu werden.

Das Flimmern in den Vorhöfen

In der Nacht, es war an Heiligabend, flimmerte es wieder in den Vorhöfen. Das Flimmern war ein Pochen. Etwas versuchte, sich Eintritt zu verschaffen und klopfte sanft, aber anhaltend an die Pforte seines Herzens. Er schaute auf die Uhr. Es war wenige Minuten vor zwölf, und wieder lauschte er dem klopfenden Geräusch. Was mochte es sein? War es der Tod, der da pochte? Er wollte es sich nicht vorstellen, dachte aber trotzdem weiter darüber nach. Was, wenn es Maria und Josef waren? Es war jetzt Mitternacht und draussen regnete es. Er schämte sich, nicht zu öffnen. Doch er kannte sie nicht und er hatte Angst vor Fremden. Was suchten sie in seinem Herzen? Er schickte sie weg mit ihrem kleinen Kind, das noch nicht geboren und darum auch noch nicht in ein Tuch gewickelt war. Mit geschlossenen Augen sah er sie weiterziehen, durch die nasse Kälte, im Schein der blinkenden Weihnachtsbeleuchtung. Der Himmel flimmerte über den Vorhöfen. Und es hörte nicht auf, fein an der Pforte zu pochen.

Gabriela

Es war ein langer Tag. In der späteren Nacht sah sie die Leopardenpanzer grasen unter den Bäumen am Fluss.

Fritz

Den ganzen Tag lang hat er Vergangenheit produziert.
Er freut sich schon auf morgen.

Plötzlich wach

Auf der Klippe sah sie die versammelten Schafe tagen.

Nach Mitternacht

Odile fiel in ein tiefes Schaf. Überall fand sie Spuren. Der Tag, der hinter ihr liegt, war nicht ihr Tag. Es war ein Tag für alle.

1. **Guy Krneta Mittelland**
   Morgengeschichten, 180 Seiten, ISBN 978-3-905825-13-8

2. **Jens Nielsen Alles wird wie niemand will**
   Erzählungen, 144 Seiten, ISBN 978-3-905825-14-5

3. **Beat Sterchi Ging Gang Gäng**
   Sprechtexte, 156 Seiten, ISBN 978-3-905825-16-9

4. **Pedro Lenz Der Goalie bin ig**
   Roman, 192 Seiten, ISBN 978-3-905825-17-6

5. **Heike Fiedler langues de meehr**
   GeDichte/PoeMe, 168 Seiten, ISBN 978-3-905825-19-0

6. **Ernst Eggimann u ner hört**
   Gedichte, 144 Seiten, ISBN 978-3-905825-27-5

7. **Gerhard Meister Viicher & Vegetarier**
   Sprechtexte, 168 Seiten, ISBN 978-3-905825-33-6

8. **Jens Nielsen Das Ganze aber kürzer**
   Erzählte Texte, 192 Seiten, ISBN 978-3-905825-39-8

9. **Franz Hohler Schnäll i Chäller**
   Lieder, Gedichte, Texte, 192 Seiten, ISBN 978-3-905825-42-8

10. **Michael Fehr Kurz vor der Erlösung**
    Siebzehn Sätze, 144 Seiten, ISBN 978-3-905825-51-0

11. **Heike Fiedler sie will mehr**
    bild risse, 152 Seiten, ISBN 978-3-905825-56-5

12. **Michael Stauffer Alles kann lösen**
    Schallerziehung, 232 Seiten, ISBN 978-3-905825-57-2

13. **Stefanie Grob Inslä vom Glück**
    Sechs Auftritte, 168 Seiten, ISBN 978-3-905825-80-0

14. **Guy Krneta Unger üs**
    Familienalbum, 168 Seiten, ISBN 978-3-905825-90-9

15. **Pedro Lenz Radio**
    Morgengeschichten, 200 Seiten, ISBN 978-3-905825-92-3

16. **Nora Gomringer achduje**
    Sprechtexte, 160 Seiten, ISBN 978-3-03853-013-8

17. **Timo Brunke Orpheus downtown**
    Lauteratur, 160 Seiten, ISBN 978-3-03853-011-4

18. **Jens Nielsen Flusspferd im Frauenbad**
    Kleine Erzählungen, 192 Seiten, ISBN 978-3-03853-018-3

19. **Beat Sterchi U no einisch**
    Sprechtexte, 192 Seiten, ISBN 978-3-03853-020-6

20. **Guy Krneta Filetschtück**
    Geschichten, 208 Seiten, ISBN 978-3-03853-033-6

21. **Ariane von Graffenried Babylon Park**
    Sprechtexte, 204 Seiten, ISBN 978-3-03853-036-7

22. **Rolf Hermann Das Leben ist ein Steilhang**
    Sprechtexte, 216 Seiten, ISBN 978-3-03853-035-0

23. **Judith Keller Die Fragwürdigen**
    Geschichten, 148 Seiten, ISBN 978-3-03853-050-3

24. **Pedro Lenz Hert am Sound**
    Sprechgedichte, 192 Seiten, ISBN 978-3-03853-059-6

25. **Walter Vogt hani xeit**
    modern mundart, 228 Seiten, ISBN 978-3-03853-066-4

26 Dominic Oppliger acht schtumpfo züri empfernt
Novelle, 164 Seiten, ISBN 978-3-03853-069-5

27 Andri Beyeler Mondscheiner
Ballade, 180 Seiten, ISBN 978-3-03853-080-0

28 Aglaja Veteranyi Wörter statt Möbel
Fundstücke, 180 Seiten, ISBN 978-3-03853-083-1

29 Aglaja Veteranyi Café Papa
Fragmente, 152 Seiten, ISBN 978-3-03853-084-8

30 Gerhard Meister Mau öppis ohni Bombe
Sprechtexte, 208 Seiten, ISBN 978-3-03853-091-6

31 Laurence Boissier Safari
Observations / Beobachtungen, 184 Seiten, ISBN 978-3-03853-092-3

32 Martin Frank i bi nöm bi öich
Gedichte, 184 Seiten, ISBN 978-3-03853-093-0

33 Rolf Hermann Eine Kuh namens Manhattan
Sprechtexte, 216 Seiten, ISBN 978-3-03853-097-8

34 Dragica Rajčić Holzner Glück
Stimmen, 220 Seiten, ISBN 978-3-03853-099-2

35 Ernst Burren mir nähs wies chunnt
Gedichte aus 50 Jahren, 168 Seiten, ISBN 978-3-03853-101-2

36 Stefanie Grob Budäässä
Bühne & Radio, 180 Seiten, ISBN 978-3-03853-102-9

37 Daniela Dill Durzueständ
Sprechtexte, 164 Seiten, ISBN 978-3-03853-107-4

38 Béla Rothenbühler Provenzhauptschtadt
Roman, 184 Seiten, ISBN 978-3-03853-110-4

39 Judith Keller Oder?
Roman, 280 Seiten, ISBN 978-3-03853-111-1

40 Wortknall Spoken Word in der Schweiz
Sammlung, 232 Seiten, ISBN 978-3-03853-115-9

41 Katja Brunner Geister sind auch nur Menschen
Sprechtexte, 208 Seiten, ISBN 978-3-03853-119-7

42 Erwin Messmer Passirrt isch passirt
Gereimtes und Ungereimtes, 184 Seiten, ISBN 978-3-03853-122-7

43 Emanuelle Delle Piane Stille Stimmen / Voix silencieuses
Bühnentexte / Textes de scène, 232 Seiten, ISBN 978-3-03853-121-0

44 Heike Fiedler Tu es! hier
Gedichte & Sprechtexte, 140 Seiten, ISBN 978-3-03853-129-6

45 Lidija Burčak Nöd us Zucker
Tagebuchtexte, 196 Seiten, ISBN 978-3-03853-128-9

46 Dominic Oppliger giftland
Roman, 244 Seiten, ISBN 978-3-03853-133-3

47 Berta Turnherr Rundumm Rii
Diepoldsauer Texte, 184 Seiten, ISBN 978-3-03853-134-0

48 Tara C. Meister Geschafft, Sonne
Sprechtexte, 152 Seiten, ISBN 978-3-03853-143-2

49 Alexandre Lecoultre Peter und so weiter
Roman, 168 Seiten, ISBN 978-3-03853-147-0

50 Béla Rothenbühler Polifon Pervers
Roman, 220 Seiten, ISBN 978-3-03853-149-4